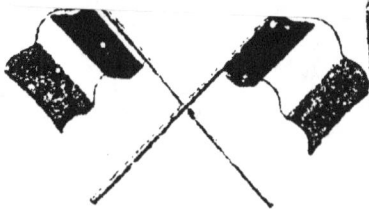

GUIDE - MÉMOIRE PRATIQUE

à l'usage des

PROPRIÉTAIRES DE CHEVAUX

(Mulets et Voitures)

POUR LES

Opérations du RECENSEMENT et du CLASSEMENT des Chevaux

DE RÉQUISITION

(Loi du 3 juillet 1877)

par le Capitaine Ferdinand MICHEL ✱

de la Gendarmerie (à CAEN, Calvados)

EX-LIEUTENANT A LA CAVALERIE DE LA GARDE RÉPUBLICAINE

ET PRÉSIDENT DE COMMISSION DE CLASSEMENT A PARIS

PRIX : 50 cent.

PARIS	CAEN
Auguste-GOIN, éditeur	E. LANIER, imprimeur
rue des Écoles, 62	rue Guillaume, 1

1897

GUIDE - MÉMOIRE PRATIQUE

à l'usage des

PROPRIÉTAIRES DE CHEVAUX

(Mulets et Voitures)

POUR LES

Opérations du RECENSEMENT et du CLASSEMENT des Chevaux

DE RÉQUISITION

(Loi du 3 juillet 1877)

par le Capitaine Ferdinand MICHEL ※

de la Gendarmerie (à CAEN, Calvados)

EX LIEUTENANT A LA CAVALERIE DE LA GARDE RÉPUBLICAINE

ET PRÉSIDENT DE COMMISSION DE CLASSEMENT A PARIS

PRIX : 50 cent.

PARIS
Auguste GOIN, éditeur
rue des Ecoles, 62

CAEN
E. LANIER, Imprimeur
rue Guillaume, 1

1897

TABLE DES MATIÈRES

CHAPITRE III

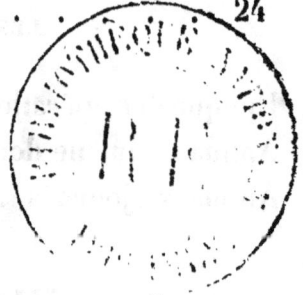

PRÉFACE

En notre qualité de Président de Com-
missions de classement des chevaux (mulets
et voitures) et après plusieurs années de
pratique, nous avons pu nous convaincre
que beaucoup de propriétaires soumis aux
opérations de classement desdits chevaux
(mulets et voitures), conformément à la
loi du 3 juillet 1877, ignorent ou connaissent
imparfaitement leurs obligations et leurs
droits.

Cela tient moins à leur mauvaise vo-
lonté qu'à la réelle difficulté pour eux
de connaître parfaitement les nombreux
articles de cette loi et les diverses et
nombreuses instructions ministérielles ex-
plicatives la concernant et la complétant.

Nous avons donc pensé faire œuvre utile
en résumant et en condensant, dans un
petit Guide-Mémoire *à la portée de tous,*

ce qu'il est indispensable que connaissent les propriétaires intéressés afin de s'éviter, autant que possible, tout ennui et toute perte de temps inutile.

En leur offrant ce Guide-Mémoire, nous donnons à ces propriétaires le moyen pratique : 1° de s'informer rapidement de ce qu'ils ont à faire chaque année pour se mettre en règle vis-à-vis de l'autorité militaire ; 2° de faciliter la tâche de nos camarades des Commissions de classement.

Tel a été le double but que nous nous sommes proposé en rédigeant ce modeste travail. Nous serons d'autant plus heureux de le voir atteint que ces opérations de classement touchent à l'intérêt supérieur de la défense nationale, dont la mobilisation rapide des chevaux (mulets et voitures) serait au jour du danger un des plus indispensables éléments de succès.

L'Auteur.

GUIDE-MÉMOIRE PRATIQUE

A L'USAGE DES

Propriétaires de Chevaux

(MULETS ET VOITURES)

Pour l'exécution de la loi du 3 juillet 1877

PRÉLIMINAIRES

Ce *Guide-Mémoire* a deux buts d'égale utilité :

1° *Éviter* des ennuis, procès-verbaux et amendes et surtout une perte de temps considérable aux propriétaires de chevaux (mulets et voitures), à l'occasion des opérations annuelles des Commissions de classement *(un grand nombre de propriétaires oubliant les obligations que leur impose la loi du 3 juillet 1877)* ;

2° *Faciliter*, et par suite *activer* les opérations des Commissions de classement, d'où : économie de temps et économie pécuniaire pour les propriétaires, les Commissions et le Trésor.

En vue d'atteindre les buts dont il s'agit, le *Guide-Mémoire* résume, sous la forme de paragraphes simples et succints, les obliga-

8

tions et recommandations à observer par les propriétaires *avant, pendant et après* les opérations des Commissions de classement.

Composition de la Commission de classement

La Commission de classement se compose :
1° D'un officier, président ;
2° D'un membre civil ;
3° D'un vétérinaire militaire ou civil ;
4° D'un sous-officier ou brigadier, secrétaire.

Maire ou suppléant légal Secrétaire de mairie

Doivent être obligatoirement présents : 1° le maire ou, à son défaut, son suppléant légal ; 2° le secrétaire de la mairie. Les maires et secrétaires doivent éclairer la Commission de tous renseignements nécessaires.

Service d'ordre

Le service d'ordre est assuré : 1° sur le terrain des opérations par deux gardes républicains à Paris, par deux gendarmes en province, dont l'un tient la toise ; 2° aux abords de l'emplacement de la Commission par des agents de la police locale ou des gardes champêtres.

CHAPITRE Ier

RECOMMANDATIONS A OBSERVER AVANT LES OPÉRATIONS

---

§ 1er

Tous les ans, du 1er au 31 décembre inclus *(dernier délai)*, tous les propriétaires de chevaux, juments *(mules et mulets)*, doivent les déclarer au bureau militaire de la mairie de leur arrondissement à Paris, et en province à la mairie.

Tous les trois ans, les voitures attelées doivent être déclarées de la même façon.

§ 2

Si les écuries des animaux se trouvent dans un autre arrondissement que le domicile du propriétaire, lesdits animaux doivent être déclarés à la mairie de l'arrondissement dans lequel est située l'écurie. Il n'est fait exception à cette règle que pour. certaines

compagnies de transports publics, et après
autorisations spéciales *(ce § est spécial pour
Paris).*

§ 3

Les changements ou, mutations d'animaux
qui surviennent dans l'année doivent être
déclarés aussitôt par les propriétaires au
bureau militaire de la mairie.

§ 4

La déclaration de chevaux, mulets et voitures attelées, au bureau des contributions
ne suffit pas ; elle doit être faite également
à la mairie, au bureau militaire *(ces deux
bureaux ayant des attributions absolument
distinctes).*

§ 5

Les propriétaires doivent déclarer le nombre,
les noms ou numéros, l'âge, le signalement,
enfin donner tous les renseignements pouvant
faire facilement reconnaître les animaux qu'ils
possèdent, même ceux réformés antérieu-
rement.

Dans ce dernier cas, ils doivent présenter
le ou les certificats de réforme *(voir §§ 31,
32 et 33).*

§ 6

Les propriétaires étant passibles d'amendes pour non déclarations ou fausses déclarations devront, dans leur intérêt, réclamer au bureau militaire le récépissé réglementaire *(modèle L)* aussitôt après avoir fait la déclaration.

Époque des opérations

—

§ 7

Les opérations des Commissions de classement des animaux ont lieu à Paris, chaque année, à partir du mois de mars *(mais elles ont généralement lieu à partir du 15 mai)*. En province, dans certaines communes, les années de millésime pair ; dans d'autres, les années de millésime impair.

Le classement des voitures attelées a lieu tous les trois ans.

§ 8

Les opérations du classement sont annoncées par des affiches ; en outre, à Paris et dans les grandes villes, des lettres de convocation peuvent être adressées à domicile,

mais la non-réception de ces lettres ne
dispense pas les propriétaires de la présentation de leurs animaux ; les affiches sont
considérées comme seules légales.

§ 9

Les lettres de convocation *(s'il y a lieu)*
fixent nominativement à chaque propriétaire
le jour, l'heure, le lieu où la présentation de
leurs animaux devra être effectuée.

Les affiches donnent les mêmes renseignements, d'une façon générale, pour tous
les propriétaires d'un même arrondissement
ou d'une même commune.

§ 10

En cas d'empêchement des propriétaires
de présenter les animaux au jour fixé, ils
peuvent, avec l'autorisation du Président de
la Commission, choisir tout autre jour à leur
convenance dans les limites du temps accordé
pour les opérations de la Commission.

Animaux qui ne doivent pas être présentés

—

§ 11

Les propriétaires ne doivent pas amener sur le terrain des opérations des Commissions :

1° Les chevaux n'ayant pas atteint 6 ans *(4 ans pour les mulets)* ;

2° Les juments en état de gestation ou suitées, ou consacrées d'une façon régulière à la reproduction *(dans ce cas, le propriétaire doit être détenteur du certificat de saillie et de l'attestation de deux témoins possédant des chevaux soumis au classement)* ;

3° Les chevaux ajournés pour défaut de taille les années précédentes et ayant atteint 8 ans *(6 ans pour les mulets)*, la réforme étant alors acquise de droit pour ces animaux ;

4° Enfin, les chevaux réformés à un classement antérieur sont par suite dorénavant exempts de tout classement à venir *(se conformer alors strictement aux §§ 31, 32, 33 et 18).*

Animaux ajournés

—

§ 12

Les animaux malades sur la litière au moment des opérations des Commissions de classement, les juments en état de gestation ou suitées, qui ne peuvent, vu leur état, être amenés sur le terrain, sont ajournés par les Commissions sur le vu d'un certificat du vétérinaire ou d'une déclaration par écrit ou verbale de deux propriétaires d'animaux soumis au classement ou patentables voisins.

§ 13

Les animaux ajournés *(pour les cas § 12),* sont présentés l'année suivante.

CHAPITRE II

RECOMMANDATIONS A OBSERVER PENDANT LES OPÉRATIONS

Opérations sur le terrain

—

§ 14

Lorsque les propriétaires ne présentent pas eux-mêmes leurs chevaux, ils doivent les faire présenter par des personnes pouvant donner à la Commission tous les renseignements nécessaires sur la provenance des animaux.

§ 15

Les animaux d'un même propriétaire doivent être présentés l'un après l'autre, sans couverture ni effets de harnachement, munis d'un bridon ou d'un licol, la Commission devant les examiner au pas et au trot.

§ 16

Tout propriétaire qui, sur la requête du Président, refusera de faire marcher au pas ou au trot son cheval, devant la Commission, sera considéré comme n'ayant pas présenté ledit animal et sera susceptible d'être poursuivi conformément à la loi.

§ 17

Tous les propriétaires ont le droit de demander les catégories dans lesquelles leurs animaux ont été classés par la Commission.

§ 18

En cas d'erreurs d'écriture, de conflits ou réclamations lors des opérations ou sur la simple requête du Président de la Commission, les propriétaires feront bien de produire leurs certificats de réforme devant la Commission *(Voir §§ 31, 32 et 33).*

Opérations à domicile

—

§ 19

Dans certaines grandes villes, les propriétaires possesseurs de nombreux animaux *(à partir de 15 à 20 environ)* peuvent en demander, à titre bienveillant, l'examen à domicile à l'Officier président. Celui-ci, avec l'approbation du Ministre de la Guerre ou du Général commandant le Corps d'armée, fixe le jour et l'heure, après entente préalable avec ledit propriétaire.

§ 20

Dans le même but, ces propriétaires établissent une liste de leurs animaux pour le jour des opérations, d'après le modèle ci-contre :

EXEMPLE :

NOMS ET PRÉNOMS DES PROPRIÉTAIRES	DOMICILE	PROFESSION	NOMS DES CHEVAUX OU NUMÉROS D'ORDRE	SIGNALEMENT SOMMAIRE	CLASSEMENT	OBSERVATIONS
JACQUES Pierre-Louis	Rue Lafayette, n°	Roulier ou loueur, etc.	Buffalo Dartagnan Margot ou N°^{os} 1 2 3 etc.	Blanc Bai Alezan	Rien à porter dans cette colonne ou bien porter : Le classement fait par la Commission de l'année précédente, si le propriétaire en a pris note.	Rien à porter

§ 21

Les animaux seront alors présentés dans l'ordre de cette liste.

Animaux absents au moment des opérations du classement de la localité dans laquelle ils ont été déclarés

—

§ 22

Les chevaux présents sur le territoire d'une commune, bien que déclarés et inscrits dans une autre commune, peuvent être examinés dans la localité *(où ils sont présents)* par la Commission qui y opère.

§ 23

Ces animaux sont alors présentés à l'examen de la Commission, chaque jour, à la fin de la séance de classement.

§ 24

Leurs propriétaires ont l'obligation de fournir aux Présidents des Commissions les renseignements suivants :

1° Le nom de la commune où ont été déclarés les animaux ;

2° Le canton, l'arrondissement, le département ;

3° Enfin, le nom de la résidence de la brigade de gendarmerie la plus rapprochée de cette commune.

§ 25

Après le classement de ces animaux, il est remis, séance tenante, un certificat d'examen au propriétaire.

§ 26

Ce certificat est un reçu et doit être conservé par le propriétaire qui n'a plus à s'inquiéter de rien.

§ 27

Si les animaux ainsi présentés sont réformés par une Commission de Paris, le propriétaire devra se conformer, pour obtenir les certificats de réforme, aux §§ 31, 32, 33 et 18.

Animaux déclarés à Paris, présents en Province

—

§ 28

Les chevaux présents en province lors des opérations, bien que déclarés et inscrits dans un arrondissement de Paris, peuvent être examinés en province devant la Commission opérant dans la commune où ils se trouvent *(même manière de procéder avec de légères variantes aux §§ 22, 23, 24, 25, 26 et 27 ci-dessus).*

Examen des Voitures

—

§ 29

Les années où les voitures sont examinées par les Commissions de classement, les affiches et les lettres de convocation, s'il y a lieu, l'indiquent.

§ 30

Sont seules exemptées de cet examen et de toute réquisition militaire les voitures affectées exclusivement au transport des personnes.

CHAPITRE III

RECOMMANDATIONS A OBSERVER APRÈS LES OPÉRATIONS

Des certificats de réforme

§ 31

Tout propriétaire qui a eu un ou plusieurs animaux réformés par une Commission de classement est invité à se faire délivrer, au bureau de la mairie, le ou les certificats de réforme, dans un délai qui ne doit pas dépasser un mois après les opérations du classement.

§ 32

Ces certificats sont valables tant que le propriétaire possède l'animal, objet du certificat.

§ 33

Lors de sa déclaration annuelle *(Voir §§ 1 et 5),* le propriétaire doit produire ce certificat avec une attestation de deux patentables voisins, ou d'un vétérinaire constatant que son ou ses animaux réformés n'ont pas été changés.

Pénalités contre les déliquants à la loi du 3 juillet 1877

§ 34

Sont passibles de procès-verbaux et amendes de *vingt-cinq à mille francs :*

1° Les propriétaires qui ne font pas à la mairie *(bureau militaire)* les déclarations prescrites aux §§ 1 et 3 ci-dessus ;

2° Les propriétaires qui ne se conforment pas au § 14 ci-dessus, sauf dans les cas prévus § 11.

§ 35

Sont passibles de procès-verbaux et amendes de *cinquante à deux mille francs :*

1° Les propriétaires qui auraient fait une fausse ou de fausses déclarations ;

2° Les propriétaires visés au § 16 ci-dessus.

Pénalités contre les Maires

§ 36

Les maires, comme les propriétaires qui ne se conforment pas à l'article 52 du titre VIII de la loi du 3 juillet 1877, sont passibles d'une amende de 25 à 1,000 francs.

Ceux qui feraient sciemment de fausses déclarations seraient passibles d'une amende de 50 à 2,000 francs.

FIN

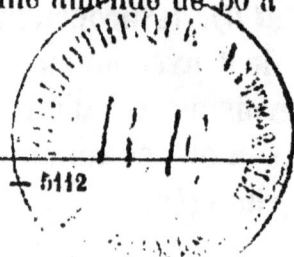

Imp. E. LANIER. — Caen — 5112

www.ingramcontent.com/pod-product-compliance
Lightning Source LLC
Chambersburg PA
CBHW070747280326
41934CB00011B/2833